Dianah

DIANAH

COMÉDIE

Représentée pour la première fois, à Paris, sur le théâtre du VAUDEVILLE
le 6 juin 1873.

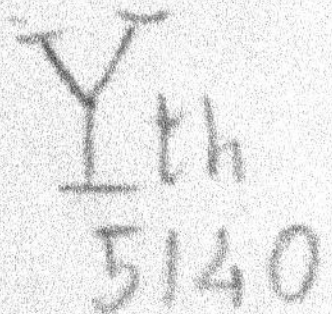

CHATILLON-SUR-SEINE. — IMPRIMERIE E. CORNILLAC

DIANAH

COMÉDIE EN DEUX ACTES

PAR

THÉODORE BARRIÈRE

PARIS
MICHEL LÉVY FRÈRES, ÉDITEURS
RUE AUBER, 3, PLACE DE L'OPÉRA

LIBRAIRIE NOUVELLE
BOULEVARD DES ITALIENS, 15, AU COIN DE LA RUE DE GRAMMONT

1873

PERSONNAGES

LE GÉNÉRAL COMTE DE ROUVRAY. . MM. PARADE.
SIR GEORGE BELL, baronnet . . . . . SAINT-GERMAIN.
WILLIAM, serviteur de sir George. . . . . ROYER.
MISS DIANAH, sa fille . . . . Mmes BARETTA.
LOUISE, femme de chambre de miss Dianah . . LEROY.
PLUSIEURS DOMESTIQUES.

En Touraine — 1857.

Pour la mise en scène exacte, s'adresser à M. Léon Ricquier, régisseur-général du théâtre du Vaudeville.

DIANAH

ACTE PREMIER

Un salon de château. — A l'horizon, le Loir et ses rives.

SCÈNE PREMIÈRE

SIR GEORGE, *seul.*

Il dépouille son courrier. — On entend au loin un chœur de vendangeurs.

LE CHOEUR

Adieu, paniers,
Vendanges sont faites;
Voici les grappes prêtes,
Remplissons les cuviers.
Quelles joyeuses fêtes
Sous les vieux marronniers!
Adieu, paniers,
Vendanges sont faites.

SIR GEORGE *a interrompu son travail et écoute.*

Les vignerons regagnent leurs habitations. La vendange est finie, et ma fille ne revient pas... Petite folle! (*Il sonne, un valet entre. Sir George parlant sur la reprise du chœur*) Qui accompagnait miss Dianah?

WILLIAM.

Jean et la femme de chambre.

SIR GEORGE.

On a envoyé une voiture au-devant de miss Dianah? (Le valet s'incline.) C'est bien. (Le valet se retire; sir George recommence à parcourir les lettres éparses çà et là. Le chant, qui s'était rapproché peu à peu, peu à peu s'éloigne.) Allons!... tous mes amis d'Edimbourg et de Londres se sont, à ce qu'il paraît, donné le mot pour jeter des pierres dans mon jardin, dans mon jardin de France. (Prenant une lettre au hasard et lisant.) « Mon cher baronnet, on connaît aujourd'hui le véritable motif qui vous a fait quitter subitement, il y a dix-huit mois, votre château d'Inverness en emmenant votre adorable fille... » (S'interrompant.) Ah! et quel est mon motif?.. (Continuant) « Vous avez voulu faire croire que l'air de notre Ecosse devenait fatal à sa santé; mais on sait, à cette heure, que votre féroce jalousie paternelle a seule inventé ce touchant prétexte, pour enlever miss Dianah aux pirates d'amour qui commençaient à croiser dans les eaux du mariage.... » (Après un mouvement d'humeur.) Très-joli!.. Et puis quand cela serait?.. (Il jette la lettre au feu et en prend une autre.) Voyons si celui-ci aura autant d'esprit. (Lisant.) « Que pensez-vous maintenant, mon cher Georges, des prévisions humaines? Ne pouvant supporter la pensée que, quelque jour peut-être, un étranger tiendrait entre ses mains distraites la précieuse vie de votre enfant, si jamais cette vie était en danger, vous étudiez sans relâche, pendant dix années, et vous devenez un savant médecin, en dépit des railleries de toute la noblesse d'Écosse. Vous voilà donc tranquille sur le sort de votre fille!.. Vous répondez de sa vie!... O destin moqueur!.. miss Dianah tombe dans le Loir, et le savant docteur ne savait pas nager. » (Froissant la lettre.) Le sot!.. (Après un temps.) Mais c'est pourtant vrai!.. je n'aurais pu que me noyer avec mon enfant!.. Et... sans monsieur le général comte de Rouvray... car c'est lui qui l'a sauvée et depuis ce temps-là il rôde sans cesse autour du parc. Quand il aperçoit miss Dianah, il la dévore des yeux, à la promenade il est sans cesse sur ses pas, on le rencontre au détour de tous les chemins, il sort de tous les arbres. Il espère peut-être qu'un jour, miss Dianah.. Le fat! à son âge!.. car il a cent ans!.. au moins! (En ce moment l'orage est dans toute sa force.) Mon Dieu! mais la pluie tombe à torrents, et l'orage redouble!... je suis d'une inquiétude!.. (Il sonne avec violence; au domestique qui entre.) Allez, courez, ramenez miss Dianah!

LOUISE, entrant.

Oui, monsieur. Voici, mademoiselle.

Éclats de rire au fond.

SCÈNE II

SIR GEORGE, DIANAH.

SIR GEORGE. *

C'est elle, enfin! (Dianah entre par le fond en courant; elle tient à la main son chapeau tout chargé de pluie, et porte des grappes de raisin dans un coin de sa robe. — Courant à elle.) Ah! méchante enfant!

DIANAH, grelottant.

Oh! que j'ai froid! que j'ai froid!

SIR GEORGE.

Voyons, vite, un manteau, un plaid, quelque chose! Elle arrive à pied! j'en étais sûr; la voiture n'a pu la rejoindre.

DIANAH.

Ne gronde pas et réchauffe-moi.

SIR GEORGE, faisant asseoir Dianah dans un fauteuil auprès du feu.

Allons! enveloppe-toi comme il faut, au moins!

* Dianah, sir George.

DIANAH.*

Louise, tu serviras le thé ici. On voit mieux l'orage.

SIR GEORGE.

Comment ! tu n'en as pas encore assez ?

DIANAH, toute frissonnante.

Oh ! non, c'est si beau !.. mais j'ai l'onglée. (Elle souffle dans l'une de ses mains et tend l'autre à sir George.) Tiens, fais comme ça.

SIR GEORGE, l'imite tout en grondant.

S'il y a du sens commun !.. se mettre dans cet état !.. cette enfant-là me fera mourir !

DIANAH, sans l'écouter.

Mais j'ai l'onglée, je te dis. Souffle ! (Les deux domestiques qui ont suivi cette scène de l'œil, tout en faisant leur service, se retirent en riant sous cape.) Souffle ! souffle !.

SIR GEORGE, qui a surpris les rires moqueurs des domestiques.

Souffle !.. souffle !.. mais tu ne vois donc pas, petite scélérate, que tu m'exposes à la risée des populations.

DIANAH, l'embrassant.

Je t'aime !

SIR GEORGE, la contrefaisant.

« Je t'aime !.. » c'est donc convenable, pour une demoiselle, de courir ainsi les champs au milieu de l'orage ?

DIANAH.

Mon père, l'orage nous a prises en route ; il fallait bien revenir.

SIR GEORGE.

Il fallait d'abord permettre à monsieur Jean de vous accompagner avec la voiture.

DIANAH.

Ah ! nous n'eussions pas été libres de courir à notre fantaisie ; les chevaux ne pouvaient pas nous suivre sur les coteaux où l'on faisait la vendange.

* Louise, Dianah, sir George.

SIR GEORGE, haussant les épaules *.

La vendange !.. quand on est miss Dianah..

DIANAH.

Fille de sir George Bell, baronnet.

SIR GEORGE.

On ne fait pas la vendange.

DIANAH.

Oh ! pourtant, c'est si amusant, tous ces hommes la hotte sur le dos, ces femmes avec leurs grands paniers tout chargés de raisins ; et puis ils sont si gais, ces bons Tourangeaux.

SIR GEORGE.

Tenez, ses cheveux sont tout mouillés. Te réchauffes-tu?

DIANAH.

Un peu.

SIR GEORGE, avec humeur.

Je la vois d'ici barbottant dans l'eau.

DIANAH, riant.

Oh! comme un petit canard !

SIR GEORGE.

Tu ris, tu ris... mais si tu tombais malade, petite misérable !

DIANAH.

Eh bien, tu me soignerais, puisque tu t'es fait médecin tout exprès. Du reste, tu t'es donné beaucoup de peine pour rien jusqu'à présent : Pas la plus petite cure ! ah ! je ne te fais pas honneur.

SIR GEORGE, ému.

Dianah ! je te défends de plaisanter ainsi. Il me semble que ça te porterait malheur.

DIANAH.

Oh ! il n'y a pas de danger ; j'ai une santé de fer.

* Sir George, Dianah.

SIR GEORGE.

Certainement, certainement, le petit coffre est bon !.. mais le mécanisme ?... mais les nerfs, ces diables de nerfs qui sont tout de suite en révolution pour un rien ?

DIANAH.

Oh ! je ne suis pas si nerveuse que cela...

SIR GEORGE.

Toi ? Tu pleurerais au Chat Botté, si le Chat mourait à la fin.

DIANAH.

Ah ! dame...

Dianah s'est approchée de la table, et, tout en se jouant, dispose des raisins dans ses cheveux.

SIR GEORGE, *après l'avoir regardée un moment.*

Cette invention ! qu'est-ce qu'elle fait là ?

DIANAH.

Eh bien, je me fais une coiffure. (*Gaiement.*) Ah ! si tu savais, quelle belle vendange !.. et comme ils sont tous joyeux !.. Il paraît que le raisin est excellent cette année. Veux-tu le goûter ?

SIR GEORGE.

Oui.

DIANAH.

Eh bien, mords à la grappe. (*Elle tend son front à sir George qui grapille en riant les grains noirs dans ses boucles blondes.*) Eh bien, est-il bon ?

SIR GEORGE.

Excellent.

DIANAH, *éclatant de rire.*

Ah ! sir George Bell, baronnet, qui se moquait tout à l'heure de miss Dianah, il a vendangé aussi.

SIR GEORGE.

Oh ! comme cela..

DIANAH, d'un petit ton suffisant *.

Oui, je conviens qu'un gentilhomme peut bien vendanger à cette vigne-là.

SIR GEORGE.

En vérité... foi de George Bell !...

DIANAH.

Baronnet.

SIR GEORGE.

Cette petite fille a un amour-propre !.. ah çà ! tu te crois donc jolie, décidément ?

DIANAH.

Oui !

SIR GEORGE.

Mais regarde-toi donc. Tenez, cette tête !... on dirait un chardon.

DIANAH.

Un chardon... d'Écosse.

SIR GEORGE, prenant le bras de Dianah, puis sa main.

Et ce bras, comment est-il fait ? Et cette main, à quoi ressemble-t-elle ?

DIANAH.

Elle ressemble à l'autre.

SIR GEORGE.

Mais tu es affreuse !

DIANAH.

Oui !

SIR GEORGE.

Ah ! chérie ! (Il l'embrasse.) Ah çà ! tu n'es plus mouillée du tout ?

DIANAH.

Non ; oh ! je ne me serai pas encore noyée cette fois.

Elle s'arrête tout à coup sur un mouvement de sir George.

* Dianah, sir George.

SIR GEORGE, devenu sérieux et avec une certaine amertume.

Et.. cette fois, tu t'es repêchée toute seule.. Il est écrit que je ne te serai jamais bon à rien.

DIANAH, avec embarras.

Oh !

Elle passe doucement son bras sous le sien.

SIR GEORGE, continuant.

Ah !.. il a été plus heureux que moi, monsieur le comte de Rouvray ! (Appuyant.) ton bon ami !...

DIANAH, même jeu.

Mon bon ami !.. méchant !.. parce que je t'ai dit que je n'oublierais jamais l'homme qui m'a conservée à mon père bien-aimé ! mais n'était-ce pas naturel?

SIR GEORGE, avec contrainte.

Certainement que.. je suis trop juste pour..

DIANAH, le câlinant.

Tu sais bien que je ne l'aimerai jamais autant que je t'aime.

SIR GEORGE, avec émotion.

Eh bien, il ne manquerait plus que cela.

DIANAH, avec intention.

Seulement, je trouve que... je n'ai pas très-bien agi en n'allant pas avec toi... le remercier.

SIR GEORGE. *

Ah ! tout de suite... une procession ! des bannières ! Je l'ai remercié pour toi... je l'ai même très-bien remercié !.. (S'animant malgré lui à un petit hochement de tête de Dianah.) C'est cela !.. boude-moi.. à cause de cet étranger. (Nouveau mouvement de Dianah. — Avec colère.) Ah ! ce comte de Rouvray !.. (Changeant de ton tout à coup sur un geste de Dianah.) Non, non, je dois le bénir, je le bénis, comme toi, plus que toi, mon Dieu ! et s'il fallait lui donner toute notre fortune..

* Sir George, Dianah.

DIANAH, de même.

Il n'a pas besoin de notre fortune, il est plus riche que nous.

SIR GEORGE.

Je veux dire que, pour reconnaître le service qu'il m'a rendu en se jetant à l'eau pour toi, je me jetterais dans le feu pour lui ; mais.. (Avec chagrin.) Enfin, tu ne comprends donc pas qu'en me rappelant sans cesse qu'il était là au moment du danger, tu as l'air de me faire un reproche, à moi qui n'y étais pas?

DIANAH, après un mouvement, et tout à coup avec chagrin.

Ah! tu ne sais qu'inventer, ce soir, pour me faire de la peine.

SIR GEORGE, très-agité.

Comment! parce que je t'ai dit cela?... Mais je n'ai pas eu l'intention de t'affliger.. Voyons! qu'est-ce que j'ai donc dit? Dianah!.. réponds-moi!

DIANAH, avec tendresse.

Jaloux!

SIR GEORGE.

Eh bien, oui, je suis jaloux! Tout à l'heure je l'avouais, là, avec franchise, quand j'étais tout seul. Qu'est-ce que tu veux! je n'ai que toi au monde!. depuis treize ans, je n'ai plus d'autre joie que la tienne, d'autre ambition que ton bonheur... Tu es mes dernières amours, mon second bon Dieu, mon trésor!.. Eh bien, ce trésor, je veux le garder pour moi tout seul.

DIANAH, avec tendresse.

Avare!

SIR GEORGE.

Oui, avare et jaloux. (Gaiement.) Tous les défauts!

DIANAH, avec plus de précautions que jamais.

Mais, père, cependant songe donc... si jamais... enfin... il faut tout prévoir, si... si je me mariais? (Mouvement de sir George.) Si jamais...?

SIR GEORGE.

Si tu te mariais? pourquoi faire?

DIANAH, embarrassée.

Pour faire comme tout le monde.

SIR GEORGE.

Se marier!... se marier!.. à quoi va-t-elle penser là, je vous le demande!

DIANAH.

Mais, dame, il me semble...

SIR GEORGE, embarrassé.

Il te semble!.. il te semble!... Après tout, est-on si malheureuse avec son père? Si ta pauvre mère était restée demoiselle, aujourd'hui elle serait peut-être encore sur terre.

DIANAH, caressante.

C'est vrai; mais, moi, je n'y serais pas.

SIR GEORGE, vivement.

Toi?.. Oui, oui, elle a raison, elle n'y serait peut-être pas. Mais enfin, tu n'as pas, je pense, l'intention de te marier à quinze ans.

DIANAH.

Quinze ans! dix-huit, tu veux dire?

SIR GEORGE, appuyant.

Quinze! tu ne les as même pas encore.

DIANAH.

Eh bien, remets-moi tout de suite en nourrice, alors.

SIR GEORGE, inquiet.

Voyons, là... sérieusement, ma petite Dianah, tu ne peux pas encore songer à te marier?

DIANAH.

Oh!.. non.. pas.. tout de suite.

SIR GEORGE, dont l'inquiétude augmente peu à peu. *

Pas tout de suite?... c'est-à-dire pas avant quinze jours?

* Dianah, sir George.

D'abord, en supposant que tu aies... (Appuyant.) dix-huit ans, eh bien... est-ce qu'une demoiselle comme il faut se marie si jeune?.. Mais c'est de très-mauvais ton!.. ce sont les petites bourgeoises qui se marient à cet âge-là.. (Après un temps.) Est-ce que.. est-ce que tu aimes quelqu'un?.. (Vivement.) Tu n'aimes personne, n'est-ce pas?

DIANAH, qui allait répondre, s'arrêtant.

Non.

SIR GEORGE.

Tant mieux.

DIANAH, à part.

Oh! je n'oserai jamais lui avouer.. Et Paul... monsieur de Pré-Guilbert... il n'osera pas non plus.. (Avec dépit.) Je suis si riche!... et il est si pauvre!...

Un silence.

SIR GEORGE, affectant l'indifférence.

Ah! dis-moi donc, Dianah : est-ce que vous n'avez pas rencontré le comte de Rouvray dans votre promenade?

DIANE, troublée.

Le... le comte de Rouvray? Non, papa.

SIR GEORGE.

Pourquoi mens-tu?

DIANE, vivement.

Mais... je... pour te faire plaisir.

SIR GEORGE, après un temps.

Alors, tu l'as vu?

DIANAH, qui a perdu sa hardiesse.

Oui.. de loin.. Il était tout en haut de la côte qui descend au Loir, et nous... nous étions tout en bas, tout en bas.

SIR GEORGE, ironiquement.

Et il ne s'est pas approché de vous de toute la journée?

DIANAH.

Non.

SIR GEORGE.

Pourquoi mentir encore?

DIANAH.

Je ne mens pas.

SIR GEORGE.

Laisse donc!

DIANAH.

Je ne mens plus.

SIR GEORGE.

Laisse-moi donc!

DIANAH, avec une certaine impatience.

Il ne s'est pas approché de nous, nous nous sommes approchées de lui, là!

SIR GEORGE.

Ah! c'est encore mieux!

DIANAH.

Je ne pouvais pas faire autrement; nos yeux s'étaient rencontrés; et, comme il ne pouvait venir chercher un mot de remerciement, il fallait bien le lui porter.

Un silence pendant lequel sir George observe Dianah.

SIR GEORGE, à part.

Est-ce que.. Non, non, c'est impossible!. Elle ne peut l'aimer!

Louise entre et prépare la table à thé.

DIANAH, qui s'est rapprochée, le câlinant.

Voyons, père, sois juste! encore une fois, je serais ingrate si je pouvais oublier...

SIR GEORGE.

Je veux que tu le sois ingrate, moi.

DIANAH.

Mais je serais plus encore : je serais un petit monstre!

SIR GEORGE.

Je veux que tu sois un petit monstre... pour les autres.

DIANAH.

C'est à dire que tu désirerais que tout le monde me prît en grippe ?

SIR GEORGE.

Mais je l'avoue.

DIANAH.

C'est joli.

SIR GEORGE.

Et... pour en revenir à monsieur de Rouvray, je soutiens que l'homme qui peut avoir la joie de sauver les jours d'une adorable enfant comme toi, se trouve suffisamment payé pour qu'il ne soit pas même nécessaire de lui dire merci.

DIANAH.

C'est à dire que monsieur le comte nous redoit quelque chose.

SIR GEORGE.

Eh ! mais, si l'on comptait bien...

WILLIAM *.

Miss Dianah est servie.

SIR GEORGE.

Ah!... (Ironiquement.) Miss Dianah me fera-t-elle l'honneur?...

Il lui offre le bras.

DIANAH **.

Non, tu es trop mauvais ! Allons, viens !

SIR GEORGE, riant

Ayez donc des enfants ! (Sir Georges et miss Dianah se mettent à table, Louise sert le thé ; l'orage redouble. — Après avoir fait signe à Louise de se retirer.) Qu'on est bien ainsi... chez soi... (Continuant.) Seul... tout seul ! avec son mauvais sujet de fille.

* William, Dianah, sir George, Louise.

** William, sir George, Dianah, Louise.

DIANAH *.

Oui, oui, j'ai bien entendu.

SIR GEORGE.

Quand la pluie couvre la campagne, et que le feu pétille dans l'âtre. Ce qui me réjouit le plus dans un temps pareil, c'est que l'on n'a pas à redouter les visites. (A ce dernier mot, et tout à coup, un son de cloche retentit au loin. Sir George fait un bond. Dianah, qui portait sa tasse à ses lèvres, ne peut retenir un éclat de rire.) Ah ! c'est trop fort !.. Qui donc peut venir... à cette heure ?

DIANAH, se levant,

Nous le saurons bientôt. William va ouvrir la grille.

SIR GEORGE, frappé d'une idée.

Je crois deviner... Ce doit être de la part du marquis de Saverny. (Mouvement de Dianah.) C'est un exprès que m'envoie son jeune secrétaire.

DIANAH, avec un mouvement réprimé aussitôt.

Monsieur de Pré-Guilbert ?

SIR GEORGE, qui n'a rien remarqué.

Oui, nous devons signer demain, à Tours, le contrat de vente des terres dont je t'ai parlé, et, vu ce cataclysme, monsieur de Saverny aura jugé bon d'ajourner le rendez-vous.

DIANAH, toujours à la fenêtre.

Oui... c'est cela sans doute. Ah ! j'entends la grille qui s'ouvre. (Tout à coup, et avec un cri de surprise.) Ah !

SIR GEORGE.

Qu'y a-t-il donc ?

DIANAH.

Ce cavalier qui vient d'entrer dans l'avenue, c'est monsieur le comte de Rouvray.

* Dianah, sir George

SIR GEORGE, se précipitant à son tour vers la fenêtre *.
— Après un temps.

C'est bien lui !.. Tu ne te trompais pas... (A part.) Il a enfin trouvé un prétexte pour pénétrer ici !.. Je suis sûr qu'il s'est fait tremper exprès ! Cet homme-là ne sort pas de l'eau. Je ne peux pourtant pas le laisser au milieu de l'orage... et me voilà obligé de l'héberger jusqu'à demain matin ; il n'y gagnera rien. (Avec quelque embarras.) Dianah, mon enfant, prends le thé sans moi... (Avec intention.) Je vais recevoir monsieur le comte dans le salon d'honneur.

DIANAH.

Oh ! père, il fait bien froid dans le salon d'honneur.

SIR GEORGE.

Froid ! froid ! On fera du feu.

UN DOMESTIQUE, entrant.

Monsieur le comte de Rouvray fait demander à sir George s'il veut bien lui accorder l'hospitalité pour quelques instants.

SIR GEORGE, après un mouvement d'humeur.

Allons, introduisez monsieur le comte. (Le valet sort un instant. — A part, prenant un flambeau sur la cheminée.) Que le diable l'emporte !

LE VALET, annonçant.

Monsieur le comte de Rouvray.

SIR GEORGE, faisant un pas en dehors, son flambeau à la main.

Monsieur le comte, soyez le bienvenu !

Sir George fait entrer le comte et le conduit jusqu'à la cheminée. Le valet se retire en emportant son manteau et son chapeau.

* Sir George, Dianah.

SCÈNE III

LES MÊMES, LE COMTE DE ROUVRAY.

LE COMTE, saluant*.

Mille pardons, miss Dianah !.. pardon, sir George ! mais ma bonne étoile et votre mauvaise fortune se sont unies ce soir avec les éléments pour me forcer à venir troubler votre heureuse solitude.

DIANAH.

Notre mauvaise fortune vaut les meilleurs destins, monsieur le comte.

SIR GEORGE.

Et notre maison doit prendre aujourd'hui ses habits de fête pour accueillir l'homme sans lequel elle prendrait ses habits de deuil.

LE COMTE. **

Mon excuse pour le dérangement que je vous cause, sir George, est dans les efforts que j'ai faits pour vous l'épargner. (Sir George offre un fauteuil au comte. Celui-ci s'assied et continue. Pendant ce qui suit, Dianah sert le thé. — Le comte, les yeux attachés sur Dianah.) Je venais de rendre une visite à deux lieues d'ici quand, arrivé à quelques pas de votre château, j'ai trouvé la route entièrement couverte par les eaux.

SIR GEORGE, à part.

Le voilà qui recommence son manége ordinaire.

LE COMTE, poursuivant.

Je voulais cependant tenter le passage ; mais, effrayé par le grondement du tonnerre, mon cheval a refusé d'avancer. Ne pouvant me décider à l'abandonner au milieu

* Sir George, le comte, Dianah.

** Le comte, sir George, Dianah.

de cette tourmente, j'ai résolu de venir vous demander un asile.

SIR GEORGE, *après s'être incliné, à part et avec impatience.*

Il la dévore!

DIANAH.

Une tasse de thé, monsieur le comte?

LE COMTE.

Mille grâces, miss Dianah!

Moment de silence.

SIR GEORGE.

Voilà un orage qui, s'il avait éclaté plus tôt, aurait renversé bien des espérances.

LE COMTE, *distrait.*

En effet; et, où le vin nouveau va couler, bien des larmes couleraient à cette heure! Grâce à Dieu, nos braves vendangeurs ont eu le temps de serrer leurs richesses; et même, cette pensée a fait de mon petit voyage à travers les éléments déchaînés une sorte de partie de plaisir. C'étaient, tout le long de ma route, des éclats de rire et des chants joyeux qui arrivaient jusqu'à mon oreille au milieu des rafales du vent et de la pluie. (*En ce moment, on entend au loin, bien loin, le chœur du commencement de l'acte. — Le comte parlant sur les premières mesures.*) Tenez, entendez-vous? La joie dure encore. * (*Le chœur se continue et s'achève dans le silence gardé par les personnages. — Jeux muets. — Involontairement, le regard du comte s'est attaché de nouveau sur le visage de Dianah, qui se penche pour écouter le chant des vendangeurs. — Sir George a cherché vainement à deux ou trois reprises à le tirer de cette contemplation; à la fin, impatienté, il laisse tomber sa cuiller. — Dianah se retourne, et comprend tout, en voyant les yeux de son père fixés sur le comte. Elle se retourne alors du côté de la cheminée. — Le comte, qui, lui aussi, a compris sa maladresse, se hâte de reprendre la conversation aux dernières notes du chœur, Adieu, paniers, vendanges sont faites.*) « Adieu, paniers, vendanges sont faites! »

* Le comte, Dianah, sir George.

Phrase complaisante, à l'usage des heureux ou des déshérités. Pour ceux-ci, elle signifie triomphe, et, pour ceux-là, déception, mais cri du cœur qui se réjouit ou de l'âme qui se résigne, c'est toujours le même refrain... Il n'y a que la musique qui change.

Aux premiers mots de ce couplet, le comte a remarqué qu'il pouvait apercevoir Dianah dans la glace. — La jeune fille a rencontré en même temps le regard du comte et a baissé les yeux.

SIR GEORGE, à part.

Allons! dans les glaces maintenant.

Il se lève et tire le cordon de sonnette placé à la cheminée, devant laquelle alors il se tient debout. Dianah, qui a tout compris encore, s'est levée aussi, a passé son bras sous celui de son père et se trouve ainsi comme lui en face du comte; Louise entre, et enlève la table pendant ce qui suit.

LE COMTE, après un temps *.

Notre pauvre Touraine doit vous sembler bien bourgeoise, miss Dianah, auprès de votre poétique Écosse, la terre des souvenirs!... Est-il convenable que vous l'ayez pu quitter?

DIANAH.

Oh! ma pensée y est toujours, monsieur le comte, et j'ai partagé mon cœur entre votre France souriante et notre brumeuse patrie. Je souris à l'une et je soupire avec l'autre.

SIR GEORGE.

L'air de nos montagnes est trop vif pour la poitrine de miss Dianah.

LE COMTE, vivement et d'une voix émue.

Eh quoi! miss Dianah souffre-t-elle?

DIANAH.

Non.

SIR GEORGE, avec ironie et un peu froidement.

Non, non, rassurez-vous, mon cher hôte. (Par réminiscence.)

* Dianah, le comte, sir George.

Car vous êtes notre hôte pour cette nuit. (Le comte s'incline.) Dianah, tu donneras tes ordres.

DIANAH.

A l'instant, père. (Au comte.) Monsieur..,

Dianah et Louise sortent.

SCÈNE IV

SIR GEORGE, LE COMTE.

SIR GEORGE, continuant *.

Un oiseau! Ah! miss Dianah n'est plus la pauvre petite fleur maladive qui végétait en Ecosse. C'est une plante devenue vivace sous les douces brises de votre Touraine; chaque jour, elle rêve un peu moins et mange davantage; la ballade se fait chanson.

LE COMTE, souriant aussi.

Sir George, me permettrez-vous de m'étonner de la tournure toute française de votre esprit? je savais bien l'Écosse moins gourmée que l'Angleterre, mais j'ignorais qu'elle pût être aussi enjouée que la France.

SIR GEORGE.

Oh! monsieur le comte, notre château, quoique situé presque au bout du monde, était cependant un petit coin de Paris pendant la saison des chasses; à cette époque, beaucoup de vos compatriotes avaient le courage de monter jusqu'à notre aire, et... (S'interrompant.) Vous m'écoutez, monsieur le comte?.

LE COMTE, troublé.

Oui, oui.

SIR GEORGE, continuant.

Vos quadrilles les plus populaires remplaçaient le chant

* Sir George, le comte.

criard de notre joueur de cornemuse, et, sur un théâtre naturel (*Élevant tout à coup la voix pour fixer de nouveau l'attention du comte*), avec les frênes pleureurs et les églantiers sauvages pour décors, nous exécutions de notre mieux vos œuvres les plus parisiennes.

Dianah rentre. A sa vue, le comte, qui, depuis son départ, a fait toutes sortes d'efforts pour paraître s'intéresser au discours de Sir George, semble tout à coup avoir retrouvé un sens qui lui manquait.

SCÈNE V

LES MÊMES, DIANAH *.

LE COMTE, *à part.*

La voilà! (*Haut.*) Vos hôtes étaient Français, sir George, et vous vous faisiez Français pour plaire à vos hôtes. Le poëte avait raison : L'hospitalité écossaise est plus qu'une vertu, c'est une grâce. (*Dianah s'est assise et a pris un ouvrage de broderie. — Le comte, saisissant un prétexte pour se rapprocher d'elle.*) Vous n'avez jamais vu Paris, miss Dianah!

DIANAH.

Jamais, monsieur le comte.

LE COMTE.

Et... vous n'avez jamais eu non plus le désir de le voir?

SIR GEORGE.

Ah! pardonnez-nous, monsieur le comte, nous en avions même accompli le pèlerinage; mais un incident burlesque arrêta notre cavarane aux portes mêmes de la ville promise.

LE COMTE.

Comment?

SIR GEORGE.

Ce fut un jour de février que nous aperçûmes les pre-

* Sir George, le comte, Dianah.

mières lueurs de ce Paris tant souhaité... Notre chaise de poste touchait une certaine barrière dont j'ai oublié le nom. La neige qui tombait depuis la veille se transformait à mesure en boue noirâtre, sous les pieds mal affermis d'une foule bizarre chargée d'oripeaux ternis et de haillons souillés; démons à face humaine dont l'accueil était une menace et la joie un blasphème.

LE COMTE.

Je crois comprendre.

SIR GEORGE.

Nous étions le... (Cherchant.)

LE COMTE, souriant.

Le mercredi des cendres?

SIR GEORGE.

C'est cela même.

LE COMTE.

Tous ces gens-là étaient les grands prêtres du carnaval, et ils étaient venus pour enterrer le mardi gras.

SIR GEORGE.

Précisément.

LE COMTE.

Miss Dianah dut être bien effrayée?

SIR GEORGE.

Elle s'évanouit, comme toujours.

DIANAH.

Oh! père!

SIR GEORGE.

Comme quelquefois. Alors, je jetai un ordre au postillon, qui, tout aussitôt, tourna bride; et notre chaise reprit la route qu'elle venait de suivre. Nous courûmes pendant seize heures. Enfin, à quelques lieues de Vendôme, un cheval s'abattit, nous nous arrêtâmes; nous étions aux Janières, c'est-à-dire en pleine Touraine.

DIANAH.

Et nous y resterons tant que Dieu nous y voudra laisser. Quant à votre Paris, on le dit splendide, et je crois ceux qui le disent, mais je n'oserais y aller voir. Oh! l'horrible chose que vos faubourgs!

LE COMTE, avec douceur.

Voyez-vous, miss Dianah, il ne faut pas juger le peuple de Paris sur sa joie. Il est laid quand il rit, mais sublime quand il pleure.

DIANAH.

Et puis, ces pauvres gens, j'avais tort de leur reprocher leur gaieté. Si elle est trop bruyante, c'est peut-être aussi qu'elle est trop rare.

LE COMTE, lui serrant la main vivement, au grand émoi de sir George.

Merci, miss Dianah, pour cette bonne parole! et pardonnez-moi de vous avoir fait un peu la guerre. C'est un reste d'habitude. Il y a si peu de temps que j'ai donné ma démission.

DIANAH.

Ah! à propos, monsieur le comte, étiez-vous en Crimée?

LE COMTE.

Oui.

DIANAH, avec tristesse.

Mon pauvre oncle aussi y était. Il y est même encore.

Elle s'assied à gauche.

LE COMTE *.

Votre frère, sir George?

SIR GEORGE.

Oui, monsieur le comte, lord Richard Bell, tué à la tête des gardes de la Reine.

Le comte, s'incline devant sir George.

* Dianah, le comte, sir George.

DIANAH.

Pauvre cher oncle! il est tombé à Balaclava; y étiez-vous?

LE COMTE.

Oui.

DIANAH.

Vous avez combattu aussi en Afrique?

LE COMTE,

Pendant vingt ans.

DIANAH, avec admiration.

Vingt ans de souffrances et de misères! sans compter les dangers.

LE COMTE, souriant.

En effet, on ne les comptait pas.

SIR GEORGE, à part, examinant Dianah.

La voilà déjà tout enthousiasmée! ah! l'assiégeant a vu le côté faible de la place, et il chemine tout doucement. Faisons vite une sortie. (Haut.) * Ah! mon cher général, voilà un glorieux passé qui ne vous rajeunit pas, et vous êtes comme moi dans les vétérans; car nous devons être à peu près du même âge.

LE COMTE.

J'ai quarante-sept ans.

Dianah va près du piano et feuillette des partitions.

SIR GEORGE, avec intention.

C'est l'heure où la raison doit nous sonner la retraite. Adieu les amours!.. adieu le mariage! et, comme dit le refrain : adieu, paniers! vendanges...

LE COMTE, souriant tristement.

Oh! il y a quinze ans que, pour moi, les vendanges sont faites.

* Dianah, sir George, le comte.

SIR GEORGE.

Comment?

LE COMTE.

Quinze ans que j'ai perdu mes amours dernières; il y a quinze ans que je suis veuf, sir George.

SIR GEORGE, avec intérêt.

Vous êtes veuf?.. Et, si je vous ai bien compris, vous ne songeriez point à vous remarier?

LE COMTE, amèrement.

Moi?... avec qui donc?.. avec quelque douleur restée fille! oh! mais c'est que je suis ambitieux, moi!.. Je voudrais un apport de douleurs égal au mien. (Souriant tristement.) Et il n'y a pas de filles assez riches.

SIR GEORGE, ému, et à demi-voix.

Ah! monsieur le comte! pardonnez-moi!... mais je vous détestais il n'y a pas cinq minutes.

LE COMTE, souriant.

Et pourquoi cela?

SIR GEORGE, avec embarras.

Parce que... eh bien, parce que je vous soupçonnais de vouloir épouser ma fille?

LE COMTE, avec une expression singulière.

Oh!

SIR GEORGE.

Mais, puisque je me suis trompé, puisque vous ne venez pas me demander sa main, je puis vous donner les miennes et vous dire que je serai heureux et fier de vous appeler mon ami. (Les deux hommes se serrent la main; le comte regarde toujours Dianah avec une expression de mélancolique tendresse. — Continuant.) Ah! c'est que, voyez-vous, monsieur le comte, je suis le meilleur homme du monde; mais il faut qu'on me laisse ma fille; si on voulait me la prendre, je deviendrais féroce!... voilà la situation... (Le comte se détourne pour essuyer une larme. — Bas, au comte, en lui désignant Dianah toujours au piano.) Tenez, la voyez-vous là-bas?... elle devine que nous parlons d'elle et elle voudrait bien savoir ce que nous disons... la petite curieuse !... (Forçant le comte à se retourner.) Mais regardez-la donc !... (Riant.) Oh ! vous pouvez la regarder maintenant. (Avec fierté.) Est-elle gentille, hein ?

LE COMTE, que l'émotion gagne peu à peu.

Oui... charmante !

SIR GEORGE, bas.

Tenez, ces bons yeux !... ce doux sourire !.. ce front candide et pur !... (Avec tendresse.) Oh ! il n'y a jamais eu deux filles comme celle-là.

LE COMTE, d'une voix brisée.

Pardon, sir George, mais vous me faites un mal horrible.

Il tombe sur la chaise près de la cheminée.

SIR GEORGE, étonné.

Que dites-vous donc?

LE COMTE.

Je dis que vous êtes, sans le vouloir, un homme bien cruel.

SIR GEORGE.

Quoi?

LE COMTE, s'asseyant.

Oh ! si, je vous le jure, sir George, il y avait une jeune fille comme elle !... et c'était ma fille à moi, ma pauvre petite Marie ! dont miss Dianah a les traits, la taille, la voix, tout ! tout ! et, si mes yeux ne pouvaient se détacher de son doux et gracieux visage, c'est que je n'ai pas même un portrait de Marie, et qu'en voyant miss Dianah, c'était Marie que je revoyais. (Dianah s'est approchée peu à peu du comte, à qui sir George serre la main sans parler. — Avec une sorte de fièvre.) Oh ! laissez-moi parler d'elle ! Il y a si longtemps que cela ne m'est arrivé.

DIANAH.

Parlez, monsieur, dites-nous tout.

LE COMTE, souriant tristement. *

Ah! j'ai été bien éprouvé, allez!... Un jour, je me suis trouvé placé entre une tombe et un berceau : Marie était née; sa mère morte... Ah! pendant les longues années qui suivirent, il me fut bien rarement permis d'embrasser mon enfant! Enfin, un jour, Marie avait douze ans alors, mon régiment rentrait en France, j'avais trois années devant moi... trois années de sourires et de caresses. Ah! ces trois années, comme elles ont marché vite!... ma pauvre fille! comme elle a eu vite quinze ans!... (Moment de silence. — Dianah se rapproche un peu plus du comte. — Reprenant. J'étais trop heureux!... La guerre de Crimée éclata. Je partis. (Avec douleur.) Oh! si j'avais pu deviner quels adieux m'attendaient au départ, dans les bras de Marie! Elle n'avait pas une larme, pas une parole! mais un tremblement convulsif agitait tout son être, sa main pressait la mienne avec une force que je ne lui avais jamais connue, et ses regards s'attachaient sur moi avec une fixité curieuse... presque terrible!... La pauvre petite! à ce moment suprême, elle lisait dans l'avenir!

SIR GEORGE.

Pardon, monsieur le comte, mais je crains que cette partie de votre récit n'ait déjà impressionné trop vivement miss Dianah, et...

DIANAH. **

C'est égal, continuez.

SIR GEORGE.

Mais, mon enfant...

DIANAH.

Laisse-moi donc.

SIR GEORGE.

Mais... tu ne souffres pas, au moins?

* Dianah, sir George, le comte.

** Sir George, Dianah, le comte.

DIANAH.

Non, non. (Au comte.) Continuez.

LE COMTE.

Un soir de novembre, et comme j'étais dans la tranchée, un soldat m'apporta une lettre qui venait d'arriver au camp. Cette lettre était du médecin de la famille; il y était dit que, lorsque je la recevrais.... Marie n'aurait peut-être plus que quinze jours à vivre.

DIANAH.

Ah!

SIR GEORGE.

Quinze jours!

LE COMTE.

Quinze jours! Juste le temps nécessaire pour revenir en France! et le devoir me tenait cloué devant cette ville maudite! Un moment je crus que je devenais fou! * (Il se lève.) Alors, une fusillade retentit, l'ennemi vient d'atteindre nos tranchées. Nous nous ruons à sa rencontre... Tout à coup je chancelle... une balle russe m'a brisé l'épaule... Je puis partir.

DIANAH.

Ah!

LE COMTE.

Quinze jours plus tard, je gravissais le chemin qui conduit à Louveciennes, où depuis mon départ, ces dames s'étaient retirées... Mon cœur battait à se rompre. Trouverai-je Marie vivante? A l'un des détours de la route, un homme m'aperçoit, il s'enfuit. Plus loin, une femme ne me jette qu'un regard et disparaît aussitôt au milieu des arbres. « Pourquoi donc? » me disais-je... Pourquoi? oh! je le sus bientôt. Ils avaient tout deviné et ils n'osaient pas me dire : « Pauvre père! ta fille est morte! »

Long silence pendant lequel Dianah cherche à vaincre son émotion; puis, sentant qu'elle va s'évanouir, elle s'avance vers son père en lui

* Sir George, le comte, Dianah.

tendant les bras et en balbutiant un mot que sir George n'entend pas, en proie lui-même à une vive émotion. Alors, Dianah s'évanouit et c'est le comte qui la reçoit dans ses bras et sur ses genoux.

LE COMTE. *

Miss Dianah!

SIR GEORGE, se retournant et apercevant Dianah, avec un cri :

Ma fille!... évanouie!... Je savais bien que cela finirait ainsi!... Ah! que le diable vous emporte avec vos histoires!...

LE COMTE.

Je suis désolé!...

SIR GEORGE, qui a sonné, à Louise et à William qui entrent.

Louise, vite un flacon, là... dans la chambre de ma fille!... William, de l'air, ouvrez!... (S'apercevant seulement alors que Dianah est dans les bras du comte :) Ah çà! mais je n'avais pas remarqué... Comment! ma fille est dans vos bras?... Voulez-vous bien la lâcher, monsieur?

LE COMTE. **

Je ne peux pas...

SIR GEORGE.

Il n'est pas convenable.

LE COMTE.

Voulez-vous que je la laisse tomber?

SIR GEORGE.

Non, certes; mais je veux que vous m'aidiez à la placer sur ce canapé... Comme ceci... bien... (Lui prenant un coussin des mains et le disposant lui-même.) Ne vous donnez pas la peine... (Lui retirant aussi des mains le flacon que Louise vient de lui remettre.) Ah! permettez... (Le faisant respirer à Dianah.) Tiens, mon enfant, tiens! Ah! le pouls recommence à battre. Tout danger est passé, et... (Au comte) vous pouvez allez vous reposer, monsieur le comte.

* Sir George, Dianah, le comte.

** Louise, sir George, Dianah, le comte, William.

LE COMTE.

Moi ?

SIR GEORGE.

Oui, oui... notre veillée s'est déjà un peu prolongée et... — William, montrez à monsieur le comte son appartement.

LE COMTE.

Oh! mille grâces, sir George, mais je n'ai nul besoin de repos, et je me reprocherais de vous laisser seul avec notre chère malade.

Il s'assied sur le canapé de l'autre côté de miss Dianah, toujours évanouie dans les bras de sir George.

SIR GEORGE.

Notre...? Mais, monsieur...

LE COMTE.

Ma présence peut tout à l'heure vous être nécessaire.

SIR GEORGE.

Elle ne saurait l'être en aucune façon, je vous jure... Tenez, miss Dianah a tout à fait repris ses sens...

LE COMTE.

Oui, c'est vrai! quel bonheur!

SIR GEORGE.

Pardon!... pas si près... elle a besoin d'air...

LE COMTE.

C'est juste...

Il écarte une boucle des cheveux de Dianah.

SIR GEORGE.

Mais laissez donc ses cheveux...

LE COMTE.

Ils la gênaient...

SIR GEORGE.

Eh! je le voyais bien, monsieur!

DIANAH, *se relevant.*

Ah ! je respire !,.. Merci de vos soins, mon père... des vôtres, monsieur le comte.

SIR GEORGE.

Ma fille !...

LE COMTE, *de même.*

Mon enfant !...

SIR GEORGE, *à part.*

Son enfant !... (*Il attire dans ses bras Dianah, qui avait donné sa main au comte.*) Son enfant !... Oh ! monsieur le comte partira demain ! mais, cet homme-là, si je le laissais faire, avant huit jours il serait plus que moi le père de ma fille !... * William, éclairez monsieur.

Pendant ces derniers mots, le comte avait, de nouveau, réussi à faire incliner la tête de Dianah de son côté ; sir George, à son tour, en prenant sa fille dans ses bras, la force à s'appuyer sur son épaule. Pendant ce jeu muet, le rideau baisse.

* Dianah, sir George, le comte, William.

ACTE DEUXIÈME

Même décoration.

SCÈNE PREMIÈRE

LE COMTE, puis LOUISE.

LE COMTE, écoutant à la porte de gauche.

Miss Dianah n'est pas sortie de son appartement, elle repose encore.

Louise rentre pour ranger le salon.

LOUISE. *

Comment!.. déjà levé, monsieur le comte?

LE COMTE, embarrassé.

Oui... De chez moi, j'avais cru entendre du bruit chez miss Dianah, il m'avait semblé qu'elle appelait et... N'entrez-vous pas chez votre maîtresse ?...

LOUISE.

Oh! non, monsieur le comte, pas encore.

LE COMTE.

Vous attendez qu'elle sonne, c'est juste. (Après un temps.) Cependant, si... vous alliez dans la chambre de miss Dianah... Pour vous assurer qu'elle repose; son indisposition

* Le comte, Louise.

d'hier a peut-être eu des suites... Qui sait? elle s'est peut-être évanouie de nouveau.

LOUISE. *

Vous m'effrayez, monsieur! (Écoutant.) C'est qu'en effet, je n'entends pas même un souffle.

LE COMTE.

Ce n'est pas naturel.

LOUISE.

Oh! ma foi, j'entre!... Mais ne faites pas de bruit au moins!

LE COMTE.

Soyez tranquille. (Louise est entrée chez miss Dianah, le comte prête l'oreille.) La petite sotte!... elle effleure à peine le parquet; je ne serai pas plus avancé... car il est certain que...

LOUISE, rentrant.

Miss Dianah dort très-paisiblement, monsieur le comte.

LE COMTE, contrarié.

Ah! tant mieux.

LOUISE.

Oui, nous pouvons être tranquilles. ** (Le comte fait tomber un siége.) Ah! mon Dieu.

LE COMTE.

Je suis d'une maladresse!

DIANAH, de la chambre voisine.

Est-ce toi, Louise?

LOUISE, fâchée. ***

Là!... miss Dianah est éveillée. (Haut.) Oui, oui, mademoiselle, c'est moi... c'est-à-dire c'est monsieur le comte qui... (A demi voix.) Ma foi, tant pis pour vous!

Elle entre chez miss Dianah.

* Louise, le comte.
** Le comte, Louise.
*** Louise, le comte.

SCÈNE II

LE COMTE, puis LOUISE, et WILLIAM.

LE COMTE, à part.

Elle va venir! Je pourrai donc la revoir quelques minutes seule, avant le lever de son père.

LOUISE, au comte *.

Miss Dianah prie monsieur le comte de l'attendre. (A William qui entre.) Ah! William n'oubliez pas de réveiller sir George.

WILLIAM.

Je vais chez lui de ce pas, mademoiselle.

Louise entre chez miss Dianah. William se dirige vers la droite.

LE COMTE, l'arrêtant. **

Vous allez éveiller votre maître, mon ami?..

WILLIAM.

Oui, monsieur.

LE COMTE, embarrassé.

Ah! mais... prenez garde!... Il est à peine sept heures.

WILLIAM.

Oh! c'est égal, monsieur le comte, sir George me gronderait assurément si, par ma faute, il manquait son rendez-vous.

LE COMTE.

Un rendez-vous?

WILLIAM.

Chez le notaire, à Tours.

LE COMTE.

Attendez... (A part.) Il va à Tours! si j'osais profiter de

* Louise, William, le comte.
** Le comte, William.

cette absence pour...? oui, j'aurai mon tête-à-tête avec Dianah. (Joyeux et donnant de l'argent au valet.) Tenez, mon ami, voici pour les soins que vous avez donnés à mon cheval et pour la peine que vous allez prendre encore en me le faisant seller sur-le-champ... Allez, allez réveiller votre maître.

WILLIAM.

Ah! ma foi, monsieur le comte, c'est inutile, car le voici.

Il se retire.

SCÈNE III

SIR GEORGE, LE COMTE.

SIR GEORGE, qui entre en finissant de s'habiller *. — A part.

Il s'est encore levé avant moi, j'en étais sûr!

LE COMTE, trahissant une satisfaction intérieure.

Ah! mon cher hôte!... j'avais peur d'être privé du plaisir de vous remercier de votre généreuse hospitalité; car, tout à l'heure, il m'est revenu en mémoire une affaire qui m'appelle sans retard au château, et...

SIR GEORGE, après un mouvement de joie, reprimé aussitôt.

Eh quoi! vous nous quittez si vite!

LE COMTE.

Hélas! il le faut!... mais croyez que je vous serai on ne peut plus reconnaissant des efforts que vous avez daigné faire pour me retenir; on doit seller mon cheval, dans quelques instants j'aurai l'honneur de venir vous saluer.

Il sort.

* Le comte, sir George.

SCÈNE IV

SIR GEORGE, puis DIANAH.

SIR GEORGE, à part.

Comment ! il part ainsi... tout à coup... C'est bien étrange !

* DIANAH, entrant en toilette du matin.

Me voici, monsieur le comte, je... (Surprise.) Ah !...

SIR GEORGE, ironiquement.

Désolé !... mais ce n'est que moi. Rassurez-vous d'ailleurs, miss Dianah ; notre cher hôte sera ici dans un moment, et vous pourrez lui faire votre révérence, car il nous quitte

DIANAH, avec un mouvement.

Ah.

SIR GEORGE.

J'ai tout fait pour le retenir, mais... Tu ris ?... Certainement je l'ai engagé à rester. Cependant, je ne me suis pas mis à ses genoux. Il m'en remerciait à l'instant. Ecoute donc, je trouve, moi, que ta sensibilité est assez bien développée... et, dame, monsieur de Rouvray, avec ses histoires...

DIANAH.

Ah ! père !

SIR GEORGE, un peu honteux.

Ta santé avant tout ! Je compatis assurément aux chagrins du comte ; cependant, ce n'est pas une raison pour... Ma grande affaire, c'est toi — Enfin, je fais des vœux pour le bonheur des autres, mais je donnerais ma vie pour

* Dianah, sir George.

assurer le tien... Pourquoi donc détournes-tu la tête? ne t'ai-je pas bien aimée?... Est-il un de tes désirs que je n'ai pas su comprendre? Mais alors, parle, mon enfant, parle en toute confiance. Allons, allons!... demande, sois bien exigeante, je t'en prie!

DIANAH, à part.

Si j'osais!...

SIR GEORGE.

Ne me cache rien, va; d'abord, tu sais que tu ne le pourrais pas; et que, si je voulais prendre la peine de lire dans ce petit livre-là, (Il touche le cœur de Dianah.) je saurais bien vite tout ce qu'il y a d'écrit.

DIANAH.

Vraiment? tout?...

SIR GEORGE, troublé.

Certainement.

DIANAH, le caressant.

Tu pourrais même lire... un nom?

SIR GEORGE, fronçant le sourcil.

Un nom! le nom de qui?...

DIANAH, embarrassée.

Regarde!... Voyons, comment se nomme t-il?

SIR GEORGE.

Ah! çà!... il se nomme donc!

DIANAH.

Oh! oui, il a été baptisé.

SIR GEORGE.

Dianah!... ne plaisantons pas. Tu m'as dit hier que tu n'aimais personne. (Un silence.) Alors... tu aimes quelqu'un?.. (Dianah baisse les yeux.)* Elle aime quelqu'un! C'est trop fort!... Je me croyais tranquille encore une fois, car j'étais débarrassé de monsieur de Rouvray, et il y

* Sir George, Dianah.

en a un autre... Je n'aurai jamais un moment de repos avec cette enfant-là. (Dianah passe son bras sous celui de sir George, et se serre tendrement contre lui. — Sur un ton bourru.) Et... qui est-ce, celui-là... que tu aimes?...

DIANAH.

Eh bien, écoute!... Hier, dans notre bonne causerie, le nom dont il s'agit est tombé de tes lèvres.

SIR GEORGE.

Ah! ma foi! si tu crois que je me souviens... De qui avons-nous parlé?... De monsieur de Rouvray, d'abord; et ce n'est pas lui... Ce ne peut-être monsieur le marquis de Saverny, il a soixante ans et une jambe de bois.

DIANAH.

Et la goutte.

SIR GEORGE.

Oui, la goutte dans l'autre jambe; ce n'est pas celui-là non plus .. (Se souvenant.) Ah! j'espère que tu n'as pas jeté les yeux sur monsieur de Pré-Guilbert?... (Mouvement de Dianah.) Oh! d'abord, celui-là, fût-il riche à millions, et il n'a ni sou ni maille, je ne l'accepterais pas pour gendre... attendu que je veux pour ma fille un homme d'une conduite irréprochable, (Dianah le regarde fixement.) et monsieur de Pré-Guilbert... Quand on porte un nom comme le sien on doit savoir sacrifier certaines fantaisies, rompre à propos certaines liaisons. (Avec ironie et comme à lui-même.) Après cela, la petite est jolie, il songe peut-être à l'épouser... (Dianah, haletante, porte convulsivement son mouchoir à sa bouche. Sir George continuant sans remarquer Dianah.) Il n'a ni père ni mère, il est donc libre de ses actes, et quant au nom de Pré-Guilbert, fût-il plus déchu encore, il sera toujours bien assez présentable pour une modiste de la grande rue de Tours.

DIANAH, se redressant tout à coup et d'une voix assurée.

Ce n'est pas monsieur de Pré-Guilbert que j'aime...

SIR GEORGE.

Bien vrai? qui donc alors?

DIANAH, jouant* la gaieté.

Mais personne, c'était pour rire. Ah! ah! ah! avoue que tu as eu peur, cher père!... non, va, je ne veux pas te quitter, je ne veux pas me marier, je n'aime et n'aimerai jamais que toi.

SIR GEORGE *.

Chère enfant! (A part.) Cette émotion, cette feinte gaieté, c'est bien monsieur de Pré-Guilbert qu'elle allait aimer... mais elle sait la vérité, maintenant, et, comme je connais sa fierté...

DIANAH, qui a essuyé une dernière larme en cachette.

Mon père, j'entends monsieur le comte.

SIR GEORGE.

Oui, il vient prendre congé de nous.. (A part.) Et, ma foi, bon voyage!

SCÈNE V

Les Mêmes, LE COMTE.

LE COMTE, en entrant. Arrivé près de la jeune fille. **

Miss Dianah!... l'instant est venu pour moi de vous dire adieu.. Sir George a bien voulu vous apprendre, sans doute, qu'une affaire me forçait à m'éloigner ce matin même.

DIANAH, cherchant à maîtriser son émotion.

En effet, monsieur le comte; mais... cette affaire est-elle si importante?

* Dianah, sir George.

** Le comte, Dianah, sir George.

SIR GEORGE, avec effort. *

Oui, ne pouvez-vous nous donner quelques instants encore ?...

LE COMTE, regardant avec émotion.

Mon Dieu, s'il en est ainsi...

SIR GEORGE, vivement.

Après cela, miss Dianah, nous serions indiscrets, peut-être, en insistant davantage, et nous devons sacrifier notre contentement aux intérêts de notre hôte.

LE COMTE, à part.

Quel changement dans ses traits, c'est étrange !

SIR GEORGE.

Excusez-moi, quelques paperasses à prendre... A propos, Dianah, je ne rentrerai probablement que ce soir...

DIANAH, distraite.

Ah !

SIR GEORGE, à part.

Il me semble que cela l'attriste moins que d'habitude.

Il va au bureau et classe des papiers.

LE COMTE, à demi-voix, à Dianah.

Vous venez d'éprouver une grande douleur.

DIANAH, bas.

C'est vrai, mais mon père doit en ignorer la cause.

LE COMTE, à part.

Elle souffre !... et elle n'a personne à qui se confier !... Oh ! mais alors, c'est différent. (Bas à Dianah.) Je reviendrai.

DIANAH, avec un petit air de joie.

Ah !...

SIR GEORGE, qui est redescendu à part.

Le comte lui a parlé bas.

* Sir George, le comte, Dianah.

LE DOMESTIQUE

La voiture est avancée.

LE COMTE.

Miss Dianah, je vais compter ces heures passées sous votre toit, au nombre des rares moments fortunés de ma vie...

DIANAH.

Croyez, monsieur, que de notre côté, il y aura toujours une place pour les touchants souvenirs évoqués par vous.

SIR GEORGE. *

Certainement, monsieur le comte. (A part.) C'est drôle, ça m'ennuie de m'en aller maintenant.

LE COMTE.

Adieu, miss Dianah! Venez-vous, sir George?

SIR GEORGE.

Plaît-il?... Oui, me voici... Adieu, mon enfant. (A part, après avoir embrassé Dianah.) Décidément, ça m'ennuie de m'en aller !

Ils sortent.

SCÈNE VI

DIANAH, seule.

Le comte va revenir !... Oh! tant mieux! J'ai besoin d'entendre une parole amie! Ah! pardon, mon père !... mais je crois que... oui, je crois que, malgré moi, je vous en veux du service que vous avez voulu me rendre!.. Oh je le vois bien, je ne savais pas encore ce que c'est que de souffrir!... Hier, Marie me l'avait fait comprendre, et vous, monsieur de Pré-Guilbert, vous me l'apprenez aujourd'hui... (Avec douleur.) Il en aime une autre. Oh! j'étais si heureuse! mais c'est fini, adieu,paniers, vendanges sont faites!

* Le comte, sir George, Dianah.

SCÈNE VIII

DIANAH, LE COMTE.

LE COMTE, paraissant à la porte du fond. *

Dianah, c'est moi !

DIANAH, essuyant précipitamment ses larmes.

Ah ! monsieur le comte !

LE COMTE.

J'ai quitté sir George à l'un des détours du chemin ; tout à l'heure, vous m'avez avoué qu'il y avait un grand chagrin dans votre cœur, et me voilà ; vous me direz tout, n'est-ce pas ?...

DIANAH, embarrassée.

Peut-être... (Sur un mouvement du comte.) Oui... plus tard... En attendant, (Lui tendant la main.) je vous remercie d'être venu. (Le comte prend la main de Dianah et contemple la jeune fille avec ivresse et sans parler. — Moment de silence.) Vous ne dites plus rien.

LE COMTE.

Oh ! pardon ! mais le bonheur de me trouver enfin seul avec vous... en ce moment, je ne suis capable que de vous regarder.

DIANAH.

Eh bien, regardez-moi. (Avec sentiment.) Regardez-la !...

LE COMTE.

Chère enfant. — Ma pauvre Marie !... elle avait tout de vous, et vous avez tout d'elle, jusqu'à votre façon de disposer vos cheveux.

DIANAH.

Elle les portait ainsi ?

* Le comte, Dianah.

LE COMTE.

Oui, mais un peu plus tombants.

DIANAH, *à la glace.*

Comme cela ?

LE COMTE, *allant à la cheminée.*

Oui... avec une fleur dans ses boucles blondes, en place de ce ruban.

Elle enlève le ruban et met la fleur à sa place.

LE COMTE, *s'asseyant.*

Vous êtes un ange !...

DIANAH.

Le portrait d'un ange... portrait inachevé... Soignez donc bien les retouches, c'est pour une église.

LE COMTE.

Que vous êtes bonne de prêter ainsi une oreille complaisante aux éternelles redites d'un cœur qui ne sait plus qu'un nom !

DIANAH, *après un moment de silence.*

Marie aimait-elle quelqu'un ?

LE COMTE.

Oui. Oh ! ce fut un malheur bien complet... car elle était déjà fiancée à l'un de ses cousins, le jeune marquis de Rouvray... il était venu me rejoindre avec son régiment, et je lui avais toujours caché la vérité.

DIANAH.

Je comprends, il se serait fait tuer.

LE COMTE.

A la fin de la campagne, il revint en France, plein de joie et d'espoir, foulant d'un pied impatient...

DIANAH.

Les fleurs que Paris tout entier semait sous les pas de vos soldats.

LE COMTE.

Arrivé rue de la Paix, il leva les yeux vers le balcon

où il ne doutait pas que sa fiancée dût l'attendre !

DIANAH.

Oh !

LE COMTE.

Mais il ne vit que madame de Rouvray et moi : madame de Rouvray qui le regardait avec des yeux pleins de larmes, et moi qui laissai tomber à ses pieds une couronne d'immortelles noires.

Allant s'asseoir.

DIANAH.

Ah ! mon Dieu. — Et depuis ce jour... ?

LE COMTE.

Depuis ce jour, le fiancé de Marie a quitté le service ; il vit retiré dans son château, à quelques lieues d'ici, et deux hommes seulement ont la permission de troubler sa solitude, monsieur de Pré-Guilbert et moi.

DIANAH.

Monsieur de Pré-Guilbert !... vous le connaissez ?

LE COMTE.

Oui, oui... le brave jeune homme ! je le connais !

DIANAH. *

Vous dites ? que venez-vous de dire ?

S'asseyant.

LE COMTE.

Je dis que je connais monsieur de Pré-Guilbert et que je suis fier d'être de ses amis.

DIANAH, à part.

Fier !

LE COMTE.

Monsieur de Pré-Guilbert est, à mes yeux, le cœur le plus loyal, comme le plus fidèle.

DIANAH, d'une voix tremblante de crainte et de joie.

Le plus fidèle... Et alors, il a aimé, il aime une fille... pauvre comme lui ?... Ah ! c'est bien !

* Dianah, le comte.

LE COMTE.

Monsieur de Pré-Guilbert ne me dit pas tous ses secrets. Je sais bien qu'il aime, mais j'ignore le nom de la femme aimée.

DIANAH.

Oh !

LE COMTE.

Ce nom, une seule personne au monde pourrait le dire, peut-être. C'est celle qui, vu l'humble condition où le sort l'a jetée, ne croit pas devoir porter le nom de Pré-Guilbert, celle dont il est toute la joie, tout le bonheur !... celle qu'une fois par mois, il arrache en cachette à sa vie d'ouvrière.

DIANAH, fiévreusement.

Mais qui donc est celle-là ?

LE COMTE.

Sa sœur !

DIANAH, avec un cri.

Sa sœur ! et sir George qui me disait...

LE COMTE.

Quoi donc ?

DIANAH.

* Que c'était sa...

LE COMTE, lui mettant la main sur la bouche.

Oh !...

DIANAH.

Sa sœur !.. (Éclatant en sanglots.) Mon Dieu ! mon Dieu !

LE COMTE.

Mon enfant !

DIANAH.

Laissez-moi pleurer, c'est de joie que je pleure... Oh ! Paul ! Paul !

LE COMTE. *

Voyons, le moment est venu de tenir votre promesse : dites-moi tous vos secrets.

* Le comte, Dianah !

DIANAH, souriant au milieu de ses larmes.

Tous mes secrets?... Mais je n'en ai qu'un : je l'aime! Et savez-vous pourquoi je l'ai aimé? Eh bien! c'est parce qu'il n'a jamais osé me dire qu'il m'aimait. Je l'ai rencontré au bal deux fois seulement : la première fois au bal de la sous-préfecture; la seconde, au bal du Lycée... Et pendant toute la nuit, c'était comme un fait exprès!... à chaque instant, et dans toutes les bouches, je surprenais son nom...

LE COMTE.

Et chacun, n'est-ce pas? vantait sa noblesse de cœur, son courage dans l'adversité.

DIANAH.

Oui, comme vous tout à l'heure; aussi, jugez du coup que j'ai reçu quand mon père...

LE COMTE.

Parlons de Paul!

DIANAH.

Tous les hommes lui tendaient la main; toutes les femmes lui souriaient, et il ne voyait que moi... toujours moi... Et je ne sais pas comment vous expliquer cela, mais il ne me regardait pas comme tout le monde! Ainsi, depuis, je le rencontrai souvent; eh! bien... il me saluait, passait, et ne se retournait pas... Mais je voyais bien, moi, les efforts qu'il faisait pour me voir, sans se retourner.... (Souriant.) Ça devait même être très-fatigant.

LE COMTE.

Enfin?

DIANAH.

Enfin... un jour, c'était au bord de la rivière, au milieu des saules, vous savez? je venais de passer, j'étais seule à ce moment-là... C'était pendant la moisson dernière... j'avais même du blé dans le coin de ma robe... Il m'avait saluée comme d'habitude, puis avait poursuivi son chemin... Quand il me crut bien loin, il gravit un petit tertre pour tâcher de m'apercevoir encore.

LE COMTE souriant.

Vous étiez cachée?...

DIANAH.

Oui... dans un pli de la colline qui descend à la rivière, et je l'observais; il demeura longtemps à la même place, regardant avidement de tous les côtés; puis, n'apercevant rien, il redescendit, s'assit à terre, et se prit à sangloter en prononçant mon nom!... En ce moment le pied me manqua et je me découvris... Il se leva précipitamment et je repassai devant lui... Je voulais feindre de n'avoir rien vu, mais je ne pus m'empêcher de le regarder... sans colère, à ce qu'il paraît, car ses yeux brillèrent tout à coup et de joie et d'espoir!... Alors, faute d'une fleur pour lui dire ma réponse, je laissai tomber devant lui quelques-uns des épis que je venais de glaner... Je m'en repentis d'abord, car je le savais pauvre... et ces épis tombés de ma main... Mais j'ai bien vu qu'il ne comprenait pas ainsi, car il souriait, et depuis, plus jamais je ne l'ai vu pleurer.

LE COMTE, avec tendresse.

Chère petite!.. Soyez tranquille!... Monsieur de Pré-Guilbert sera votre époux...

DIANAH.

Bien vrai?..

LE COMTE, se levant.

Nous le voulons, oui!.. et votre père le voudra.

DIANAH, se levant aussi.

Oh! vous me rendez l'espérance! (En parlant ainsi, ses yeux se sont fixés dans la direction de la fenêtre, et tout à coup elle pousse un cri.) Ah! mon Dieu! là-bas!.. c'est mon père qui revient... Il se doutait de quelque chose... Nous sommes perdus!..

LE COMTE, souriant.

Perdus?..

DIANAH.

Oui... oui... cachez-vous!

LE COMTE.

Me cacher ?.. Mais vous n'y songez pas!..

DIANAH.

Si... si... Oh! c'est que vous ne connaissez pas encore toute la jalousie de mon père... Le moindre indice lui révélerait tout ce qui s'est passé entre nous : mes confidences, vos caresses... et il ne nous pardonnerait jamais... Cachez-vous, vous dis-je, ou plutôt, partez! vous le pouvez encore!.. Non!.. le voici!..

SCÈNE VIII

SIR GEORGE, LE COMTE, DIANAH.

SIR GEORGE *.

Me voici, Dianah!.. (Apercevant le comte.) Lui!.. il est revenu!..

LE COMTE.

Pardon, sir George... c'est encore moi. J'avais une communication importante à vous faire, et j'ai pris la liberté de...

SIR GEORGE.

Vous avez bien fait, comte!.. Tiens! tu as changé ta coiffure?..

DIANAH.

Moi!

Elle cache le collier dans son cou.

SIR GEORGE.

Et tu n'as plus ton ruban, une fleur l'a détrôné.

* Le comte, sir George, Dianah.

DIANAH.

Oui, un caprice.

SIR GEORGE.

Laisse-nous un instant, mon enfant... monsieur le comte a à me parler.

DIANAH. *

Sans adieu, alors?...

SIR GEORGE.

Oui.

DIANAH.

Oh! cette dissimulation me fait trop de mal, une minute de plus, et je lui disais tout.

Elle sort.

SIR GEORGE, à part.

Mais ce comte de Rouvray a donc juré de me prendre l'amour de ma fille, qu'il guette ainsi mon départ pour s'introduire chez moi?... Enfin, je pouvais remplir un mari pour Dianah, parce que ce mari, elle ne l'aimerait pas comme elle m'aime. (Au comte **.) Je vous écoute, monsieur le comte .. De quoi s'agit-il?

LE COMTE, prenant une résolution.

Il s'agit du bonheur de miss Dianah ! ..

SIR GEORGE.

En vérité!... (Remarquant la disposition des siéges qui se trouvent près du piano.) Cette chaise, placée ainsi... Le comte était là... derrière elle!... (Haut.) De son bonheur, dites-vous ? Et... vous venez, sans doute, m'indiquer la marche à suivre pour assurer l'avenir de mon enfant ?

LE COMTE.

Ne raillez pas !...

* Dianah, sir George, le comte.

** Sir George, le comte.

SIR GEORGE.

Moi! railler sur un pareil sujet?... Après tout, il se pourrait que je n'eusse pas su deviner les vœux de miss Dianah...

LE COMTE.

En effet, je crois que...

SIR GEORGE.

Elle a, je le vois, fait à un étranger, les confidences qu'elle avait refusées à son père.

LE COMTE.

Lors même qu'il en serait ainsi, en devez-vous concevoir de l'ombrage.

SIR GEORGE.

De l'ombrage?..

LE COMTE.

Près de vous, le respect... la crainte n'auraient ils pas pu arrêter un aveu sur les lèvres de..?

SIR GEORGE, *se montant peu à peu.*

De ma fille?.. Elle a donc peur de moi? Je suis donc un tyran?.. un despote?.. Dites-le tout de suite, je suis un père dénaturé! je ne veux que le malheur de mon enfant!.. Mais c'est abominable, cela!...

LE COMTE, *se récriant.* *

Je sais bien, au contraire, que vous ne voulez que le bonheur de miss Dianah... et c'est pour cela que je viens vous dire : Sir George, je sais au monde un homme capable de rendre notre fille heureuse.

SIR GEORGE, *s'asseyant.*

Mais, en vérité, c'est extraordinaire, cela! De quel droit vous immiscez-vous dans nos affaires? Êtes-vous l'oncle de Dianah? son parrain? son tuteur?.. quoi?.. D'abord, miss Dianah n'aime personne!

* Le comte, sir George.

LE COMTE.

Vous vous trompez, sir George.

SIR GEORGE.

Vous l'avouez alors, elle vous a confié son secret?

LE COMTE.

Son secret était aussi celui d'un autre, et c'est peut-être cet autre qui me l'a confié.

SIR GEORGE.

Et quel est cet autre?

LE COMTE.

Monsieur de Pré-Guilbert.

SIR GEORGE.

Ah!.. très-bien, je m'en doutais!.. Mais elle le connaît à cette heure, je lui ai ouvert les yeux sur son compte, et elle ne l'aime plus.

LE COMTE.

Pardonnez-moi, elle l'aime toujours, et de toute son âme.

SIR GEORGE, *se contenant à peine.*

Monsieur de Pré-Guilbert n'est pas le gendre qu'il me faut : c'est un homme de désordre.

LE COMTE.

Ah! monsieur, je vous jure, personne moins que lui ne mérite ce titre.

SIR GEORGE.

Eh! monsieur le comte, je sais ce que je sais; ne l'ai-je pas vu, dans les environs de Tours, avec une fillette pendue à son bras.

LE COMTE.

Cette fillette, sir George, si elle était pendue à son bras, c'est qu'elle ne peut plus s'appuyer en ce monde que sur le bras de son frère.

SIR GEORGE.

Quoi! cette jeune fille, c'était?..

LE COMTE.

Mademoiselle Jeanne de Pré-Guilbert.

SIR GEORGE.

Que monsieur de Pré-Guilbert me pardonne alors! je l'avais jugé trop légèrement; mais... (*A part, apercevant le mouchoir.*) Ce mouchoir tout humide encore de ses larmes!. Dianah a pleuré... pleuré devant lui ! en m'accusant! en me reniant peut-être.

Un silence.

LE COMTE.

Enfin, sir George, quel est votre dessein?

SIR GEORGE.

Mon dessein est de faire ce que bon me semblera. Est-ce que je dois des comptes à quelqu'un? Ai-je besoin de leçons de paternité? Non, monsieur le comte, non, et sachez-le, j'aime ma fille autant que père au monde aima la sienne, autant et mieux que vous n'aimiez la vôtre.

LE COMTE, *avec reproche.*

Ah!

SIR GEORGE, *à part.*

Elle lui a fait toutes ses confidences!.. elle lui a dit qu'elle l'aimait sans doute, comme elle me le disait à moi-même! (*Regardant vers une des portes latérales.*) Cette porte a remué... Elle est là, j'en suis sûr!.. Ah ! je veux les voir ensemble ! je veux les entendre !

LE COMTE.

Sir George, une dernière fois.

SIR GEORGE, *comme fou.*

Une dernière fois, votre protégé ne sera jamais l'époux de ma fille ! parce que je ne le veux pas, parce que je suis le père de miss Dianah, et que c'est à moi seul qu'elle doit obéir!...

LE COMTE.

Calmez-vous !

SIR GEORGE.

Je suis calme, très-calme !.. Adieu, monsieur le comte... (A part, en sortant.) Oh! je serai là...

Il disparaît un instant, puis on le voit écoutant par la porte entr'ouverte.

LE COMTE.

La jalousie... l'égare... il devient fou...

SCÈNE IX

DIANAH, LE COMTE, puis SIR GEORGE.

DIANAH, entrant en chancelant. *

Ah ! mon ami !

LE COMTE.

Vous?

DIANAH, au milieu de ses larmes.

Ah! je suis trop malheureuse! Paul ne sera jamais mon mari... Ah! j'ai bien entendu!.. et quand mon père a prononcé cet arrêt, il m'a semblé que quelque chose se brisait en moi.

Sir George a paru sur les derniers mots, il écoute.

LE COMTE, tenant Dianah dans ses bras.

Du courage, ma chère petite fille!

DIANAH.

Votre petite fille? Ah! si je l'étais, n'est-ce pas que c'est mon bonheur et non le vôtre que vous auriez en vue?.. N'est-ce pas que vous ne seriez pas insensible à la douleur de votre enfant?

LE COMTE, avec des larmes.

Ne pleure pas ainsi, ma seconde Marie!

DIANAH.

Marie!.. Ah! elle est bienheureuse, elle...

* Dianah, le comte.

LE COMTE, avec effroi.

Oh!

DIANAH.

Vous pleurez, vous? Ah! vous m'aimez mieux que lui

SIR GEORGE, à part. *

Mon Dieu!

DIANAH, avec une sorte de fièvre.

Oui, vous m'aimez mieux! aussi, maintenant, c'est vous qui êtes mon père, et lui, c'est fini!.. je ne l'aime plus!

SIR GEORGE, qui s'est avancé, pâle et se soutenant à peine, à Dianah.

Qu'as-tu dit!..

DIANAH, avec un cri.

Ah!

LE COMTE.

Sir George!..

SIR GEORGE, marchant çà et là comme un homme ivre.

Oui, oui... elle a dit... j'ai bien entendu... C'est lui qu'elle aime!... et moi... elle ne me connaît plus! (Il a sonné; à William qui paraît.) William, une valise, la chaise de poste! à l'instant!.. (Le repoussant.) Va!.. mais va donc!

DIANAH, courant à lui.

Quoi! mon père, vous voulez?..

SIR GEORGE, avec des larmes.

Je veux m'en aller... tout seul... tout seul! je vous laisse ensemble l'un à l'autre... Il t'aimera mieux que moi.

DIANAH.

Mon père!

SIR GEORGE, d'une voix de plus en plus entrecoupée.

Ton père?.. (Désignant le comte.) Mais le voilà! Moi... je ne suis plus ton père, puisque tu ne m'aimes plus... Elle ne m'aime plus.

* Le comte, Dianah, sir George.

DIANAH, * se jetant à son cou et lui plaçant la main sur la bouche.

Ah ! tais-toi ! tais-toi !

SIR GEORGE, éclatant en sanglots.

Mon Dieu ! mon Dieu ! comme ils me font souffrir !

LE COMTE, avec explosion.

Ah ! sir George, pardon ! mais, en vérité, vous êtes bien ingrat.

SIR GEORGE, étonné.

Monsieur !

LE COMTE.

Oui, bien ingrat ! Comment ! le bon Dieu vous accorde une fille : il vous la laisse ! La voilà toute resplendissante de jeunesse et de santé !.. La chère petite vous entoure incessamment d'adorations et de tendresses ! Et lorsque, prise de pitié pour le pauvre homme qui a tout perdu, elle lui fait, en passant, l'aumône d'une caresse, c'est vous, l'homme heureux, qui osez être jaloux de ce pauvre homme.

SIR GEORGE, embarrassé.

Monsieur le comte...

LE COMTE.

Mais regardez-vous donc, et regardez-moi !.. Lequel de nous deux a le droit d'être jaloux de l'autre ? (Sir George baisse la tête sans parler — Continuant.) Votre fille s'est tournée un moment vers moi ? Mais à qui la faute ? A vous qui vous détourniez d'elle. Dianah ne s'est jetée dans mes bras que parce que vous lui fermiez les vôtres.

SIR GEORGE, ému.

Mon enfant !

LE COMTE.

Et quand je pense qu'il a cru que sa fille pourrait m'aimer comme elle l'aime !.. Insensé !.. Mais est-ce que cet amour-là s'égare ? Non, et tout à l'heure elle l'a bien vu,

* Le comte, sir George, Dianah.

et tout à l'heure je l'ai bien compris !.. Dianah s'appuyait sur mon bras, elle me disait : « Mon père !.. » et je lui disais : « Ma fille !.. » (Avec douleur.) Oh ! mais ce n'était plus cela ! ce n'était plus cela ! *

SIR GEORGE, vaincu et cédant à son émotion.

Mon ami ! mon pauvre ami !.. oui... oui... vous avez raison, vous êtes bien à plaindre, et, moi, je suis bien heureux. ** J'étais égoïste, j'étais ingrat, j'étais fou ! Pardonnez-moi, pardonnez-moi tous deux. Voyons, que faut-il que je fasse pour qu'on me pardonne ? Ah ! tenez... Dianah aime monsieur de Pré-Guilbert ; eh bien... c'est égal, il l'épousera. Êtes-vous content ?... es-tu contente ?..

DIANAH.

Oh ! je suis bien heureuse !

SIR GEORGE, avec vivacité.

Et par moi ?.. c'est par ?.. (Sur un mouvement du comte.) Ne vous fâchez pas, c'est un reste d'habitude... mais c'est fini... je suis corrigé. (Au comte.) Touchez-là, mon ami ; de ce jour, vous êtes presque de la famille.

LE COMTE, avec précaution.

Je pourrais en être tout à fait, si...

SIR GEORGES.

Si ?..

LE COMTE.

Si j'adoptais monsieur de Pré-Guilbert...

SIR GEORGE.

C'est vrai ! (Après un moment de réflexion.) Ah ! je vous comprends... En adoptant mon gendre, vous... (Appuyant.) vous seriez un peu le père de ma fille... (Comme frappé d'une idée.) Mais c'est impossible !

LE COMTE.

Pourquoi ?

* Le comte, Dianah, sir George.

** Le comte, sir George, Dianah.

SIR GEORGE.

Parce que vous n'avez pas l'âge voulu. Il faut cinquante ans passés, et vous n'en avez que quarante-sept.

LE COMTE, souriant.

Les campagnes comptent double.

SIR GEORGE, embarrassé.

Diable d'homme, va !

DIANAH, d'un ton câlin.

Vilain !..

LE COMTE.

Le jaloux reparaît...

SIR GEORGE.

Vraiment ?.. vous croyez ?.. Eh bien, pour lui apprendre... (Poussant Dianah vers le comte.) Dianah ! embrasse-le... * Ah ! (La reprenant aussitôt.) Au vilain, maintenant ! ** (A part.) Ah ! c'est égal, pauvre père, tu ne seras plus seul à aimer ton enfant, adieu, paniers ! vendanges sont faites.

* Le comte, Dianah, sir George.

** Le comte, sir George, Dianah.

FIN

CHATILLON-SUR-SEINE. — IMPRIMERIE E. CORNILLAC

www.ingramcontent.com/pod-product-compliance
Ingram Content Group UK Ltd.
Pitfield, Milton Keynes, MK11 3LW, UK
UKHW022127170726
13837UKWH00003B/1418